PETER SANDELIN

PIEDRAS Y LUZ

EDICIONES encuentros imaginarios FÖRLAG

ZONA ARKTIS

1. 29 JAICUS Y OTROS POEMAS de Tomas Tranströmer, 2003
2. ELVIS, ARENA PARA EL GATO Y OTRAS COSAS IMPORTANTES, 2003
3. LA CASA ES BLANCA de Jan Erik Vold 2008
4. YO HE VISTO ESTRELLAS QUE DEJARON DE APAGARSE de Nils Yttri, 2009
5. ESPERANTO DEL CUERPO de Birgitta Boucht, 2009
6. EL PAÍS QUE NO ES de Edith Södergran, 2009
7. LUEGO DE NOSOTROS, SIGNOS de Tor Ulven, 2008.
8. RUIDO de Tone Hødnebo, 2010
9. LLUVIA EN/ REGN I HIROSHIMA de Tarjei Vesaas, 2010
10. IDEALES EN OFERTA de Henry Parland, 2010
11. ABIERTO TODA LA NOCHE de Rolf Jakobsen, 2010
12. DE HABITACIÓN EN HABITACIÓN Sad & Crazy de Jan Erik Vold, 2011
13. LA REALIDAD MISMA de Gunvor Hofmo, 2011
14. MARIPOSA de Birgitta Boucht, 2011
15. POEMAS SELECTOS de Gungerd Wikholm, 2011
16. ESPEJOS QUE HUYEN (bilingüe) de Rabbe Enckell, 2012
17. MINIMUM de Anne Bøe, 2012
18. DIJO EL HACEDOR DE SUEÑOS (bilingüe) de Jan Erik Vold, 2014

ZONA SIESTA

1. MALMÖ ÄR EN DRÖM av Tomas Ekström, 2011
2. BERING OCH ANDRA DIKTER av Luis Benítez, 2012

PETER SANDLIN

PIEDRAS Y LUZ

(Traducción: Roberto Mascaró)

ediciones encuentros imaginarios

Diseño de portada: Alejandro Marré
Diagramación: Sirius Estudio
© Peter Sandelin
© de la traducción y de esta edición: Roberto Mascaró, encuentros imaginarios
Malmö, 2014
Encuentro – Poesimöte
Bergsgatan 13 A
211 54 Malmö
Tel. 46-736783879
Suecia
encuentros_imaginarios@yahoo.es
ISBN: 978-91-979735-4-0

FILI

Edición realizada con el apoyo de FILI autoridad para la promoción de literatura finlandesa
y Svenska Litteratursällskapet i Finland, Helsingfors, Sociedad de Literatura Sueca en
Finlandia, Helsinki

Peter Sandelin es un poeta finlandés de lengua sueca nacido en 1930. Actualmente vive en Helsinki. Su primer libro lo publicó en 1951, y desde entonces ha dado a conocer alrededor de veinte títulos. Es uno de los poetas vivos más importantes de Finlandia. Le han sido otorgados distintos premios: el premio Tollander en 1990, y el premio de la Academia Sueca a Finlandia, en 2005. "Piedras y luz" fue publicado por la editorial Schildts en 2009.

PIEDRAS Y LUZ

1

las cinco
y la montaña tañe
el aire ilumina los suelos

donde alguien ya se apura
a la sombra de lluvia luminosa...

en la luz cegadora del abrazo
van los pinos en sus topes afilados

el espacio llama

y tú: un punto
que no se ve

que se ve

que

alondras   lanzadas por el viento contra la pared de una casa
de pronto encendida por el sol

la pared sangra

Vela tras vela navegando
Agua brillante
Años luminosos y nubes

no un tono   un tañido
          de más

          :pausas

          pausa

2

la copa del tilo nada en calma
                    entrando en el espacio nocturno
y el espacio chispea
porque creemos que el espacio chispea

quedamos yaciendo en nuestros lechos
apenas respiramos en la luz de linterna
nada recordamos   sólo recordamos
palabras desprendidas y signos
recordamos como cuando niños a patadas
caíamos desde la nube invernal
hacia el techo nevado

no recordamos dónde nos detuvimos

:en el establo de los caballos?
::en la cocina de la abuela?

sso – sso – sooc – s
pero olvidamos el meñ derecho

la ola del piano corre hacia la vaciedad del aire

allí: tus ojos   se detuvieron
como luz de piedra

allí esta él, desnudo, vuelto a la oscuridad de invierno
frente a él: un resplandor blanco
frente a él: fuego rojo, tonos azules,
la pantalla blanca
donde los tonos de junio comienzan a brillar, brillan...

alli esta él con su pincel
en medio de un veranillo de enero

y nadie lo despierta
ningún teléfono suena
...antes de que la tierra gire y
gire y
la noche deje caer su sombra
en su habitación, sus viejos ojos cansados

iba envuelto
en sí mismo

dejó que el ojo se incendiara

estiró la pierna
quebró el techo del cielo

: en aguacero... aguacero querido

no fue el ojo el que resbaló
fue la ardilla
que fluyó desde las ramas y el tronco del abeto

no fuiste tú
que caíste decapitado de la pared
fue el chaparrón que súbitamente subió
y alguien que perdió sus anteojos

alguien que corrió y corrió

hasta que nadie   hasta que nada se veía

nado nado hacia la pared clara
y se transforma en nevada

pero los que avanzan hacia mí
tienen cuerpos rojos, sudan

nadie dice nada

pero el aire cabecea cabecea
de su respiración

y mis oídos estallan

it seems to me
that it is so and so...
que todas las tortugas se transfor-
man en una tormenta de nieve
(a pesar de sus caparazones)
   y todo se vuelve
   más azul
   cuando el hemisferio se tuer-
   ce y
   tuer-
   ce todos los relojes en una tormenta de nieve
    hacen tictac sin sonido

me di vuelta con la lancha
15 sapos 11 hombres
y dos serpientes
y perdón perdón
no puede detenerme
no pude

antes de que la roca
golpease mi cabeza
y PUM

(no sé ... yo ...
yo creo que estoy por despertarme
... me despierto una vez ... yo ...)

temprano por la mañana
cuando todos los cuadros son negros
pero la esperanza parpadea ...
y tus pechos fluyen silenciosos
desde la frazada, brillan blancos
y los tanques de guerra ya se acercan
linde del bosque ...

temprano por la mañana
justo antes
de que el niño recién nacido comienza a berrear
y se raja una pared de la casa
y pájaros invisibles vuelan
en calma y flotan blancos

pero de pronto chillan chillan
hasta que tus oídos y tu cerebro
explota en fragmentos

la pared cae afuera sobre la hierba de amanecer
y la montaña se derrumba ...
se derrumba en un río de luz - -

pasó entre las nubes
pasó entre la niebla matutina
con un saco a la espalda
y derramó paradas
y estaciones

de su bolsillo
colgaban locomotora y vagones
en un cordel   y brillaban
en la luz oblicua

me cegó un ojo
lo vi claramente

- Hacia dónde hacia dónde
con piernas largas ...?
demasiado temprano ... o demasiado tarde?

-El tiempo no es nada, amigo mío,
nos vemos a pesar de todo algún día, más tarde
una bella secreta noche blanca y negra
cuando el mundo entienda que un gato

es Dios   y en ninguna otra parte
hay alguien con una cola así de eterna
para barrer los minutos
de todos los nudos del mundo

3

invierno
moretón de la nieve blanca
de herradura
en tu ojo

como cierto sudor
bajo los brazos rojos de la mujer

y caballos aquí y allá
y aquí y allá nieve nieve a la deriva

tus ojos minan los muros
los árboles vacilan   las montañas se derrumban

ves a la luz del relámpago:
carezco de alas

carezco de alas

el brillo del sol sobre la nieve

huellas de garras de pájaros
soldadas en tu cabeza

el camino: el abismo vertical
en el ojo plateado del anciano

a ambos lados de él
resbalan los rieles lejos   lejos
y él no sabe
hacia dónde va

mata de hierba
espacio

fui sin reloj ni brújula
la pared de abedules me golpeó el rostro
la luz del cielo me jaló hacia arriba hacia arriba
no alcancé ni a saludar
a las hormigas en el suelo

no sabía
sabía que en camino
en camino ...

niebla

pero no te apures

detente

: vinieron los rescatadores
al rescate

el búho abre el ojo

cierra el ojo

abr

refuerza la visión

hasta la fractur

la puerta del cuarto es vieja
el aire pulverizado en polvo

no sabes
y allá en el fondo
aún parpadean los restos calcinados
de un rostro una vez amado

al final
ella abrió
su infinita mirada celeste

y se derrumbó la montaña

se derrumba en un río de luz …

por fin está allí el cuarto
en su regazo
con vecinos haciendo guardia afuera
y la corteza que plateada tiembla
del viaje por espacio y tiempo

a la sombra de un arce

la paloma

el silencio

la infinitud

el portal desenterrado.
los pilares desenterrados.

imposible avanzar.
imposible
hacia pared de cielo gris

la serpiente   la serpiente
el campo de luz   el campo de luz

una hormiga pende de su
                    tallo de hierba

la gota de agua estalla

TERREMOTO!

4

las 4
y ya ha aclarado sobre los pulgones
los charcos en las grietas de las rocas
el pelo blanco
en la fosa nasal
del anciano que ronca

en la escalera de piedra un dado

tras de mí
los ojos de la niñita
que repican

el mar un creciente
iluminado rumor ...

parpadea el hormiguero ...
ahora comienza a brillar el muro de piedra
al reflejo de tu piel desnuda

hacia dónde vas?

hacia dónde vas?

demasiado temprano
se cubren de sombra las brillantes
piedras del sendero de arena,
las naranjas en el árbol, la luz
sobre tus pezones

yo me alejo más de la costa
más y más hacia la montaña

pero el mar está

el mar está

camino por azules espacios sin fondo
no conozco nada   ni a nadie
ramas de árboles pasan vibrando
y rostros de ahogado
veo luz
veo rostros de ahogados
veo todo el tiempo rostros de ahogados

el tiempo se derrama
        y entre tus brazos
    ... más allá de tu mirada
        y entre tus brazos

    andas con la cabeza gacha
    ves las piedras en la arena que pasan parpadeando
    ves sombras que pasan parpadeando
    y brillar, apagarse

oigo la luz de un río
un cielo estrellado que encalla
resbala…
allí donde nadamos brumosos

amor dormido
aunque casi despiertos

la luz de herraduras contra el suelo congelado
herraduras contra el suelo congelado
el suelo congelado

suelo

tiempo?

tiempo es crecimiento
tiempo es descomposición

el rio que invisible
fluye hacia ti,

a través de ti

y pasa

"La verdad parpadea ..."
como dice Aspenström
:el ventoso verdor
se disuelve lentamente
en la negrura de la noche, piedra de cielo

la visión del todo del anciano:
depende sólo de una visión debilitada,
fuerzas que desaparecen?
la vaciedad cercana?

5

despierto   oigo luz
de agua
luz de golpe de remo

se abren los ojos

hacia adentro

no aquí   pero bajo la corteza sobre el suelo
la lluvia brillante   la luz vibrante

de tu mejilla

y yo nunca lo he dicho
pero ella lo ha oído, claramente
como un viento

un fuerte, un repentino
viento vaciador

e ilumina los suelos

respiro el amanecer
la brisa matinal azul y suave
las voces que hablan suavemente
Los caballos pastando quietos

respiro con ellos

aspiro los ojos
recién despiertos de la amada

brillan nos juncos
en el reflejo del corte

tal vez hemos llegado

podemos descansar en los remos

silencio y respiración escuchados

no yendo rápido
pero todavía
transportan las urracas sus largas plumas de la cola
de tope en tope de árbol
a través de neblinoso aire sucio de mar

pero mis manos
    aman las cavernas:
    aberturas de nube
    lluvia iluminadas por el sol

manteles que brillan como piel
    donde el pintor se ha detenido con su pincel

    cegado

    inundado de luz

y has perdido
pero sólo ahora
y has ganado
pero sólo ahora
:has perdido
:y has ganado
:y aun has perdido todo el tiempo

y si escuchas con cuidado
cruje
ha empezado a crujir, allí,
en el aire donde tú

esta raíz -
quería ser machacada por el cielo?

quería empezar a brillar
por nuestros pasos desgastada

donde andamos y andamos
con la mirada siempre en otra parte

es demasiado poco.
es demasiado.
o es demasiado
o es demasiado poco.
y por eso hemos de navegar
por eso debemos ser mecidos
de la vida a la muerte
desde la muerte
desde la muerte

para el anciano todo pesa:
el aire quieto
y la maleta en su mano

la montaña ha avanzado hacia
cerca
a mil quilómetros de distancia

la falda de la montaña con la que choca y choca
:el aire quieto

próximo paso

y todo desapareciendo en cegadora blanca niebla

el espacio

la montaña

la luz sobre el asno

la existencia de Dios

Este libro es una traducción directa del original sueco
STENAR OCH LJUS de Peter Sandelin
(SCHILDTS Förlags AB, Helsinki, 2009) con la autorización del autor y del editor